AF224519

A. DE FARIA

Notes sur le nom PORTUGAL

porté par quelques familles en France

MILAN

TYPOGRAPHIE NATIONALE DE V. RAMPERTI

36, Cours Garibaldi

1906.

A. DE FARIA

Notes sur le nom PORTUGAL

porté par quelques familles en France

MILAN
TYPOGRAPHIE NATIONALE DE V. RAMPERTI
36, Cours Garibaldi
—
1906.

Communes de Sougy, Druy-Parigny et S.ᵗ Léger des Vignes.

HENRI JEAN PORTUGAL épousa Henriette Jeannette Boulé et eût :

I. **Pierre Portugal**, qui épousa, à Parigny, le 14 février 1729, Marie Durand et eût :

1. **Jeanne Portugal**, baptisée à Druy-Parigny le 1 juillet 1730.

2. **Marie Portugal**, baptisée le 28 décembre 1732.

3. **Jean Portugal**, baptisé à Druy-Parigny le 19 mars 1735, décédé à Sougy le 31 décembre 1738.

4. **Marie Portugal**, née à Sougy le 14 janvier 1738, morte à Sougy le 21 décembre 1738.

5. **Guillaume Portugal**, né à Sougy le 18 octobre 1739, mort à Sougy le 5 septembre 1741.

II. **Gabriel Portugal**, né vers 1696, mort à Druy-Parigny le 29 avril 1736, épousa Louise Riat et eût :

1. **Michelle Portugal**, baptisée à Druy-Parigny le 5 février 1727, décédée le 3 juillet 1750, à 24 ans, mariée deux fois.

2. **Claudine Portugal**, baptisée à Druy-Parigny le 7 octobre 1731.

3. **Jeanne Portugal**, baptisée à Druy-Parigny en 1734.

4. **Louise Portugal**, morte à Druy-Parigny le 27 septembre 1733, à l'âge de 2 ans, et enterrée à l'Église de Troisvévres.

5. **Charles Portugal**, baptisé à Druy-Parigny le 29 janvier 1729, qui épousa le 19 juillet 1751, à Sougy, Gilberte Rochet, décédée à 33 ans, à Sougy, le 18 octobre 1867.

De ce mariage naquirent :

1. *Achille Portugal,* né à Sougy le 12 juillet 1753.

2. *Marie Portugal,* née à Sougy le 12 juillet 1756, décédée à Sougy le 30 mai 1777.

3. *Marie Portugal,* née à Sougy le 29 décembre 1757.

4. *Marguerite Portugal,* née à Sougy le 12 février 1760, décédée à Sougy le 24 mai 1761.

5. *François Portugal,* né à Sougy le 14 mai 1761, décédé à Sougy le 8 juin 1761.

6. *Gilbert Portugal,* né à Sougy le 20 octobre 1762.

7. *Claude Portugal,* né à Sougy le 21 mars 1766.

III. **François Portugal**, né vers 1724, décédé à Sougy le 20 septembre 1754, épousa Madeleine Rabut née vers 1722, décédée à Sougy le 30 janvier 1776.

De ce mariage naquirent :

1. **Sébastien Portugal**, né à Sougy le 7 août 1745, décédé à Sougy le 26 novembre 1750.

2. **Anne Portugal**, née à Sougy le 23 février 1747, decédée à Sougy le 20 février 1753.

3. **Charles Portugal**, né à Sougy le 23 septembre 1748, décédé à Sougy le 1 novembre 1749.

4. **Marguerite Portugal**, née à Sougy le 4 mai 1753, décédée à Sougy le 24 décembre 1774.

5. **Gabriel Portugal**, né à Sougy le 30 janvier 1751, y mourut le 29 avril 1789. Il épousa, le 10 novembre 1777, Denise Desplantes (décédée le 6 octobre 1809), de qui il eût :

1. *Emilian Portugal,* né à Sougy le 3 mars 1769, y mourut le 15 avril 1781.

2. *Louise Portugal,* née à Sougy le 18 octobre 1784, y mourut le 4 janvier 1787.

3. *Hugues Portugal,* né à Sougy le 21 septembre 1787, y mourut le 15 décembre de la même année.

4. *George Portugal,* né à Sougy le 17 janvier 1789.

5. *Mathieu Portugal,* né à Sougy le 9 octobre 1781, mort à Avril-sur-Loire (1) le 27 décembre

---

(1) Il existe plusieurs personnes du nom **Portugal** à Avril-sur-Loire.

1837, épousa, le 18 nivose an 13, Anne Meunier, de qui il eût :

1. PORTUGAL, né à Sougy le 21 thermidor an 13.

2. ANNE PORTUGAL, née à Sougy le 16 avril 1811, y mourut le 6 mars 1812.

3. GABRIELLE PORTUGAL, née en 1812, décédée à Sougy le 17 décembre 1815.

4. LAZARE PORTUGAL, né à Sougy le 11 janvier 1815, y mourut le 7 septembre 1839.

5. LOUISE PORTUGAL, née à Sougy le 8 août 1818.

6. JEAN PORTUGAL, né à Sougy le 28 décembre 1823, décédé à S.ᵗ Léger des Vignes le 17 février 1871, épousa à S.ᵗ Léger des Vignes, le 23 février 1852, Marguerite Lamy, née à S.ᵗ Léger des Vignes le 29 avril 1833. De ce mariage naquirent :

1. JEANNE PORTUGAL, née à S.ᵗ Léger des Vignes le 8 août 1852.

2. SÉBASTIEN PORTUGAL, né à S.ᵗ Léger des Vignes le 1 août 1854.

3. MICHEL PORTUGAL, né à S.ᵗ Léger des Vignes le 3 septembre 1856.

4. MICHEL PORTUGAL, né à S.ᵗ Léger des Vignes le 23 janvier 1859.

5. CHARLES PORTUGAL, né à S.ᵗ Léger des Vignes le 21 mai 1861, y mourut, à l'âge de 4 mois, le 29 septembre de la même année.

6. Catherine Eugénie Portugal née à S.t Léger des Vignes le 9 octobre 1863.

7. Annette Louise Portugal, née à S.t Léger des Vignes le 13 janvier 1867.

8. Emiline Portugai, née à S.t Léger des Vignes le 8 avril 1870.

7. MICHEL PORTUGAL, né à Sougy le 12 ou le 16 octobre 1826, épousa à S.t Léger des Vignes, le 17 août 1847, Elisabeth Picard, née à S.t Léger des Vignes le 1 novembre 1831. De ce mariage naquirent :

1. Jean Portugal, né à S.t Léger des Vignes le 9 octobre 1851.

2. Antoine Portugal, né à S.t Léger des Vignes le 30 novembre 1853.

3. Claude Jules Portugal, né à S.t Léger des Vignes le 21 septembre 1856.

4. Joseph Portugal, né à S.t Léger des Vignes le 27 mai 1859.

8. SÉBASTIEN PORTUGAL, né à Sougy le 27 mai 1816, y mourut le 29 octobre 1899. Il y épousa, le 27 décembre 1843, Marie Christine, de qui il eût :

1. Marie Philomène Portugal, née à Sougy le 15 octobre 1844, y mourut le 7 septembre 1893. Elle y épousa, le 15 novembre 1864, Pierre Bossu, de qui elle eût deux enfants.

2. Jean Portugal, né à Sougy le

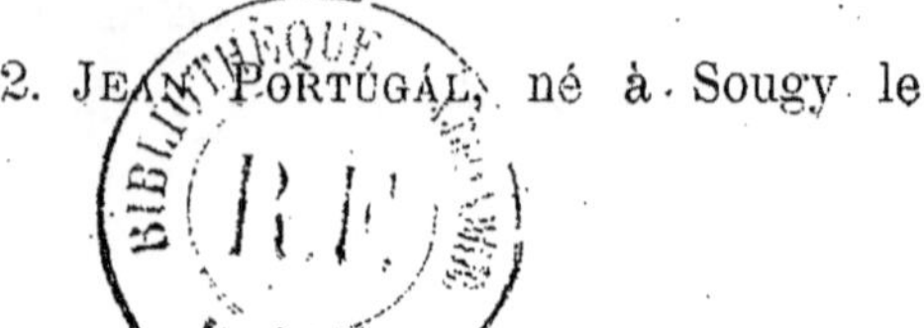

18 juillet 1846, y épousa, le 23 septembre 1873, Justine Ragout, de qui il eût :

1. *Berthe Portugal,* née à Sougy le 19 juillet 1875, y mourut le 5 mai 1890.

2. *Regis Portugal,* né à Sougy le 15 octobre 1877. Il habite actuellement à La-Chapelle-en-Serval (Oise).

3. *Louise Portugal,* née à Sougy le 24 avril 1892.

En Bretagne

Commune de Sauzon.

Le Portugal François, né à Sauzon, y épousa, le 30 novembre 1659, Jacquette Hyrel.

Le Portugal Vincent, né à Sauzon le 26 octobre 1663, fils de François Le Portugal et de Jacquette Hyrel.

Le Portugal Vincent, né à Sauzon le 17 juillet 1718, fils de Vincent Le Portugal et de Louise Boussard, y épousa, le 3 février 1749, Vincente Penne.

Portugal Charles, né à Sauzon le 22 février 1750, fils de Vincent Portugal et de Vincente Penne, y épousa, le 18 novembre 1771, Louise Boussard.

Portugal Jean-Louis, né à Sauzon le 7 janvier 1788, fils de Charles Portugal et de Marguerite Guégan, y épousa, le 8 janvier 1810, Marguerite Guellec.

Portugal Jean Pierre, né à Sauzon le 30 décembre 1810, fils de Jean-Louis Portugal et de Marguerite Guellec, y épousa, le 11 novembre 1840, Guillemette Portugal.

Portugal Joseph-Anselme, fils de Jean Pierre Portugal et de Guillemette Portugal, *maire actuel de Sauzon*, né à Sauzon le 26 avril 1853, s'y maria le 14 février 1882.

Membres existants à Sauzon.

Portugal Pierre-Vincent, au Bourg.

Portugal François Marie, au Bourg.

Portugal Pierre Marie, à Borcastel.

Portugal Pierre Jean, à Bordelaune.

Portugal François Marie, à Bormené.

Portugal Jean Marie, à Brénautec.

Portugal Jean, à Kerzau.

Portugal Pierre Marie, à Logonet.

Portugal Achille, à Logonet.

Membres existants à Bangor.

Portugal Théodore, à Radenec.

Portugal Pierre Marie, à Calastrenne.

NOTE

Marie LE PORTUGAL épousa Claude Bannet et eût :

Vincente Bannet, née à Bangor le 16 octobre 1622 qui épousa à Bangor le 24 octobre 1638 Vincent Jego et eût :

Jeanne Jego, née à Bangor le 14 septembre 1645 qui épousa à Bangor le 1 février 1660 Charles Le Diberder et eût :

Françoise Le Diberder, née à Bangor le 29 décembre 1664 qui épousa à Bangor le 4 février 1685 Pierre Guillerme et eût :

Jacques Guillerme, né à Bangor le 15 février 1694 qui épousa Marie Marguerite Le Marec et eût :

Radegonde Guillerme, née à Bangor le 25 janvier 1723 qui épousa à Bangor le 25 novembre 1743 Yves Guégan et eût :

Marie Andrée Guégan, née à Bangor le 28 avril 1745 qui épousa à Bangor le 14 janvier 1771 Jacques Marie Seveno et eût :

Jean Seveno, né à Bangor le 2 mai 1786 qui épousa à Brest le 4 juillet 1814 Perrine Le Blay et eût :

Hypolite Amédée Seveno, né à Brest le 18 juillet 1829.

Il y a plusieurs familles du nom **Portugal,** au Palais (Belle-Ile-en-Mer).

Il y a également plusieurs familles de ce nom dans les depar tements de l'Allier et du Nord.